LES AMOURS DE MICROTON, OU LES CHARMES D'ORCAN.

~~TRAGEDIE~~ *pastoralle* *ENJOUEE,*

MESLEE D'ORNEMENS ſinguliers & divertiſſans.

Repreſentée par la Trouppe Royale des Pigmées, établie au Marais.

A PARIS,

Et ſe diſtribuë à l'Hoſtel des Pigmées, au Marais.

AVEC PERMISSION.

VOICY une nouvelle Entreprise des Pigmées : Ils ont lieu d'en espérer un succés favorable, puis qu'ils n'ont rien épargné pour faire connoistre qu'ils ne sont venus en France que pour y paroistre avec éclat. Vous en verrez l'effet dans la Représentation des Amours de Microton, ou des Charmes d'Orcan. Les Décorations auront des agrémens si particuliers, que quand ils ne seroient pas soûtenus par la diversité des Pas figurez, ils mériteroient seuls d'exciter la curiosité de tout Paris : Ainsi il seroit difficile que la douceur des Voix & le charme de la Symphonie se meslans à tant de raretez, ne forment un Spéctacle assez beau & assez divertissant pour estre dignes de l'approbation des plus severes Critiques.

ACTE PREMIER.

LE Theatre repreſente une Foreſt, dont l'éloignement trompe agreablement la veuë par la beauté de la Perſpective.

La Bergere Philis ſe plaint à Dorine ſon Amie de la perte de ſon cœur qu'elle avoit longtemps refuſé aux ſoins empreſſez de quantité de Bergers qui avoient tâché de s'en rendre dignes. Elle luy avouë en ſoûpirant, qu'elle n'a pû reſiſter au mérite de Silvandre, en qui elle trouve tout ce qui eſt capable de la faire conſentir à aimer. La Bergere Dorine louë le choix qu'elle a fait de Silvandre, comme le Berger de tout le Hameau le plus digne de poſſeder ſon cœur ; & elle la raſſure en meſme temps, ſur la crainte qu'elle a qu'il ne ſoit pas aſſez conſtant, & qu'il ne luy rende ce cœur qu'elle luy a donné avec tant de tendreſſe.

Silvandre qui cherche ſa Maiſtreſſe depuis longtemps dans le Bois, l'a rencontré enfin; & avec tout l'empreſſement dont l'Amour eſt capable, il luy fait connoiſtre la tendreſſe de ſes ſentimens. Dorine declare à Silvandre qu'il eſt heureux ; ce qui luy eſt confirmé par Philis, qui luy ayant marqué la reconnoiſſance qu'elle a de ſon attachement, luy fait voir la crainte que luy cauſent les folies & les importunitez de Microton, qui luy eſt d'autant plus inſupportable, qu'elle croit qu'on ne doit écouter qu'un ſeul Amant. Dorine luy dit qu'elle ne connoiſt qu'elle à qui la quantité d'Amans faſſent peur; & que ſi les Fous ne plaiſent pas, du moins ils font nombre; & pour les divertir, elle leur chante une Chanſon ſur ce ſujet.

CHANSON DE DORINE.

C'Eſt peu de n'avoir qu'un Amant,
Rien n'eſt plus doux ny plus charmant
Aux yeux d'une Bergere
Douce ou ſevere,
Que de voir ſoûmis à ſes Loix
Pluſieurs Soûpirans à la fois.

Le grand plaiſir de les voir tous,
Jeunes, âgez, ſages & foux,
Raconter leur martire,
Pleurer, ou rire,
Et de voir ſoûmis ſous ſes Loix
Pluſieurs Soûpirans à la fois!

Le Berger Microton qui a entendu cette Chanſon, raille Silvandre, luy diſant que ces paroles s'adreſſent à luy. Philis ennuyée d'entendre les extravagances de Microton, ſur la prétention qu'il a de l'épouſer, le chaſſe, & engage Silvandre à l'emmener. Microton prie Philis de vouloir entendre une Chanson qu'il a faite sur l'amour languissant de Silvandre, & luy fait chanter les Paroles suivantes qu'elle ne peut se dispenser d'écouter.

CHANSON D'UN BERGER.

Les Amans qui sont langoureux,
Et ceux qui font les doucereux,
Me semblent dignes de risée;
L'Amour ou chagrin, ou coquet,
N'est pas mon fait,
La joüissance est ma visée,
Le surplus n'est que du caquet.

Apres que Silvandre est sorty avec Microton, Philis chagrine de se voir persecutée, prie Dorine de la vouloir servir pour la délivrer de cet Extravagant. Dorine s'engage avec joye à faire ce qu'elle desire, & luy promet d'employer le pouvoir qu'elle a sur la Bergere Elise, pour engager le Magicien Orcan dont elle est aimée, à vouloir guerir par ses charmes les foles amours de Microton. Philis la remercie; & comme elles veulent continuer leur entretien, elles entendent le bruit des Chasseurs qui les obligent de se retirer. L'on voit au fonds du Theatre des Chasseurs à cheval qui courent un Cerf, & l'ayant pris, viennent sur le Theatre. Un Chasseur s'avance, & chante cet Air en faveur de la Chasse.

CHANSON DES CHASSEURS.

APres avoir longtemps aimé,
J'ay quitté l'Amour pour la Chaſſe;
Plus je parroiſſois enflâmé,
Et plus ma Belle eſtoit de glace:
Sur l'Amour la Chaſſe a le prix;
Le Chaſſeur prend, l'Amant eſt pris.

Les Chaſſeurs danſent une Entrée tres-agreable & tres-divertiſſante. Le Chaſſeur chante le ſecond Couplet.

L'on goûte des plaiſirs charmans
A courir les Bois & les Plaines,
Quand les plus fideles Amans
Sont dans les fers & dans les peines:
Sur l'Amour la Chaſſe a le prix;
Le Chaſſeur prend, l'Amant eſt pris.

Les Chaſſeurs recommencent leur Entrée, & finiſſent l'Acte.

ACTE II.

N Jardin diversifié de Fleurs paroist au fonds du Theatre, & fait une partie de la Décoration de cet Acte.

Silvandre ennuyé des impertinences de son Rival, vient avec empressément chercher Philis pour luy en faire le recit, & rencontre Dorine qui le console de son chagrin. Philis entre, & demeure toute surprise d'apprendre de Silvandre que Mitocroton la veut absolument épouser. Dorine se moquant des pensées de cet Extravagant, & les ayant priez de ne se point inquiéter, elle les laisse pour aller chercher Elise qu'elle n'a pû encore rencontrer.

Silvandre & Philis s'entretiennent de la passion qu'ils ont l'un pour l'autre, & sont interrompus par des Hautbois, d'un Berger & d'une Bergere qui chantent dans le Bois le Dialogue qui suit, sur les peines de l'absence.

DIALOGUE D'UN BERGER ET D'UNE BERGERE.

LE BERGER.

APres les douceurs que l'absence
Fait souffrir aux parfaits Amans,
On compte pour rien les tourmens
Dont les Dieux irritez prennent de nous vengeance.

LA BERGERE.

Deux Cœurs parfaitement unis,
Ne souffrent éloignez que des maux infinis.

LE BERGER.

Le plaisir d'estre seuls ensemble,
N'en peut avoir qui luy ressemble.

Tous deux ensemble.

A moins que d'aimer comme nous,
On connoist peu de biens si doux.

Ce Dialogue qui exprime les douceurs qu'une parfaite union fait goûter aux Amans, donne occasion à Philis & à Silvandre de s'assurer l'un l'autre d'une eternelle amitié.

Microton qui les voit ensemble, s'arreste pour les écouter, dans la pensée qu'il a que Philis importunée de Silvandre, luy ordonne de ne la plus voir; mais comme il entend le contraire, il s'avance pour les quereller. Silvandre & Philis se retirent; & Microton apres avoir dit des injures à son Rival absent, conjure le Magicien Orcan d'employer ses charmes pour le vanger de Silvandre, & pour obliger Philis à l'aimer. Le Magicien luy promet son secours; & voyant que Microton semble douter de sa puissance, il fait paroistre un Démon, qui par les Paroles suivantes fait connoistre le pouvoir d'Orcan.

CHANSON D'UN DEMON.

SOn Art l'a rendu noſtre Maiſtre,
Son pouvoir abſolu ſe fait aſſez connoiſtre,
Il briſe quand il veut les fers
Qui nous retiennent aux Enfers :
Eſclaves malheureux qui ſouffrez tant de peines,
Dites-luy de rompre vos chaînes.

Microton paroiſt ſurpris; & pour augmenter ſa ſurpriſe, Orcan avec ſa Baguette fait avancer huit Cyprés qui ſortent de l'épaiſſeur du Bois, & qui forment une Allée avec des Compartimens ſinguliers.

Microton ſe réjoüit, & incontinent le Magicien commande aux Cyprés de ſe changer en Statuës qui forment une grande Allée. On ouvre la Ferme, & on voit tout le Jardin bordé de Statuës juſques à l'Optique. Les Statuës danſent & chantent en ſuite en faveur des Amans, à qui tout doit eſtre permis pour eſtre heureux.

CHANSON DES STATUES.

PRofitez de cet avantage,
Amans que l'Amour fait ſouffrir;
On peut mettre tout en uſage
Pour s'empeſcher de mourir.

Apres la Chanſon, les Statuës ſe rangent contre les aiſles du Theatre pour l'orner; & pendant qu'Orcan & Microton s'entretiennent, les Statuës ſont changées en Jardiniers, qui font une tres-belle Entrée. Microton fait compliment aux Statuës & aux Cyprés: Il ſort un Arbre du milieu du Theatre qui fait la revérence à cet Extravagant; ce qui le ſurprend & le réjoüit. Orcan emméne Microton pour aller compoſer un Charme qui puiſſe rendre Philis favorable à ſon amour.

ACTE III.

LE mesme Bois qui a fait la Décoration du Premier Acte, sert à Dorine pour s'y venir divertir. C'est là qu'ayãt examiné son cœur, & le trouvant libre, elle se réjouit par cette Chanson de l'indiférence où elle s'est toûjours conservée.

CHANSON DE DORINE.

Que les Amans sont malheureux !
Que de maux traversent leur vie !
Que le Sort est digne d'envie
D'un Cœur qui n'est point amoureux !
On voit repentir une Amante,
Et jamais une Indiférente :
Que les Amans sont malheureux !

Dorine sort apres avoir chanté, & laisse Orcan avec Microton, qu'il a rendu témoin de toutes les peines qu'il a prises pour préparer le Charme qui luy est si necessaire pour son amour. A peine luy a t'il témoigné, qu'il ne reste plus pour achever que d'aller ensemble en faire civilité aux Démons. Microton qui ne se trouve pas d'humeur à rendre visite à de si grands Seigneurs, le conjure de l'en dispenser. Orcan se charge du compliment, & luy ayant promis d'estre bientost de retour, il s'abandonne à la joye qu'il a de l'espérance qu'il a reçeuë.

Microton appelle un Berger de ses Amis, qu'il convie de se réjoüir avecluy par quelque Chanson du bonheur dont le Magicien la flate.

CHANSON D'VN BERGER.

PAr deux charmes bien diférens
Ie verray mon bonheur extréme:
L'Enfer n'en fait voir que de grands;
Mais ceux de la Beauté que j'aime
Font bien mieux sentir leur pouvoir;
Sans en mourir d'amour, on ne sçauroit les voir.

Dorine demande à Microton le sujet d'une si grande joye. Le Berger luy dit qu'il sera bientost heureux, & qu'il s'est servy de la Magie pour se faire aimer de sa Bergere. Dorine qui a averty Elise de tout ce qu'elle doit faire pour servir ses Amis, fait semblant d'estre surprise; & ayant promis à Microron de ne point découvrir le secret qu'il luy a confié, elle va chercher Philis, tandis que de son costé Microton s'éloigne, impatient de sçavoir ce que les Démons auront fait pour luy.

Orcan revenant de chez les Démons, rencontre heureusement Elise qui le vient chercher. Il luy veut faire des protestations d'amour qu'elle le prie de remettre à un temps plus favorable, luy chantant pour réponse les Paroles suivantes, pour luy faire connoistre que les Amans qui sçavent trop luy font peur.

CHANSON D'ELISE.

Vn Amant qui sçait trop, est un peu dangereux,
Ou de pres, ou de loin, on le croit en présence :
Je tiendrois mon sort plus heureux
Avec ceux qui dans leur absence
Ignorent ce qu'on fait chez eux :
Vn Amant qui sçait trop, est un peu dangereux.

Le Magicien ravy de la voir, la conjure de croire qu'il n'a point d'autre dessein que celuy de l'avertir. Elise craignant la Magie, luy demande si elle est en seûreté avec luy. Il l'en assure;& pour luy procurer un Divertissement qui l'arreste plus longtemps aupres de luy, il fait ouvrir la Ferme, & en mesme temps on voit paroistre un grand Jardin orné de Vases de porcelaine, remplis de Fleurs. Quatre Magiciens sortent de ce Jardin, & font une Entrée qui est suivie de cette Chanson que chante l'un d'eux, pour persuader á la Bergere d'avoir quelque reconnoissance pour Orcan.

CHANSON D'UN MAGICIEN.

Vn Homme d'esprit est aimable,
Il est charmant jusqu'à la fin ;
Vn Sot toûjours insuportable
Ne peut donner que du chagrin.
Beautez, que d'innocentes flâmes
Engagent à prendre un Epoux,
Les plus sots sont les plus jaloux,
Et les moins commodes aux Femmes.

Apres qu'il a chanté, les Magiciens frapent avec leur Baguette les Vases, qui se changeant en Figures, & se meslant avec eux, composent par des Pas figurez, une Entrée des plus divertissantes.

Elise ayant remercié Orcan du Divertissement qu'il luy a donné, luy avouë qu'elle ne peut se résoudre à passer sa vie avec un Magicien, sans pourtant luy oster entierement l'espérance du changement que le temps pourra apporter dans son cœur. Orcan se retire, chagrin de l'incertitude de sa fortune.

Dorine dit à Philis & à Silvandre, que Microton a employé la Magie d'Orcan pour réüssir dans son amour. Silvandre s'emporte, & apres quelques menaces qu'il laisse échaper contre Microton, & que Philis tâche d'adoucir, il luy demande ce qui l'oblige à montrer tant de considération pour luy. Elle répond que son Pere l'a laissée entre ses mains en mourant, & qu'elle est obligée de le ménager comme son Tuteur. Dorine les console par la promesse qu'elle leur fait d'agir si fortement aupres d'Elise, que tout ira selon leur souhait. Philis l'en sollicite de nouveau; & apres qu'elles sont parties, Silvandre invoque l'Amour, & le conjure de luy estre favorable. L'Amour luy répond par l'Air suivant.

CHANSON DE L'AMOVR.

C'Est en vain que par la Magie
On veut détruire mes Autels;
Quand il me plaist, aux Immortels
Ie fais sentir ma tyrannie;
On resiste mal à mes coups,
Ils sont trop puissans & trop doux.

Le Dieu mesme de l'Onde noire
Souvent a senty leur effort;
Dans tout l'Empire de la Mort
Orphée a fait briller ma gloire;
On resiste mal à mes coups,
Ils sont trop puissans & trop doux.

L'Amour paroist, & apres avoir promis son secours à Silvandre, il se perd dans l'air avec un vol précipité. Silvandre ravy de cette promesse de l'Amour, va faire part de sa joye à sa Bergere.

ACTE IV.

Des Rochers escarpez font la Décoration de cet Acte. Dans le mesme temps on voit une Bohémienne qui danse une Sarabande avec des Castagnettes, d'une maniere extraordinaire.

Elise revient trouver Orcan, & l'oblige d'estre dans les interests de Philis & de Silvandre, & de guérir Microton de sa folie, malgré la promesse qu'il luy a faite de le servir dans son amour; apres quoy ils chantent un Dialogue qui fait connoistre qu'il n'y a point de plus grand plaisir que celuy de servir ce qu'on aime.

DIALOGVE D'ORCAN & D'ELISE.

ELISE.

Est-il un plaisir plus charmant,
Que de servir ce que l'on aime?

ORCAN.

Non, puis qu'un véritable Amant
Se fait plaisir luy-méme.

ELISE.

Mais si la Belle
Est trop cruelle?

Tous deux ensemble.

C'est toûjours un plaisir charmant,
Pour un Amant,
De faire tout pour elle.

Microton qui cherche le Magicien, le trouve enfin, & luy demande si le Charme est achevé. Il luy répond que tout est en bon état, mais qu'il est absolument necessaire qu'il parle aux Démons.

Microton s'y estant résolu en tremblant, le Magicien fait sortir quatre Lutins, qui par leurs figures épouvantent Microton. Il vient un autre Lutin qui veut emporter Microton pour rendre visite à Pluton. Il s'en défend de tout son pouvoir. Le Lutin le raille, & les Démons luy demandent le payement de leurs peines, en chantant les Paroles qui suivent.

CHANSON.

LA peine demande salaire;
Les Démons & les Immortels,
Aussi-bien que tous les Mortels,
Pour rien ne veulent rien faire;
La peine demande salaire.

Microton ne leur veut rien donner, & c'est lors qu'on voit paroistre des Serpens qui l'environnent.

Vn gros Dragon sort en suite; il jette du feu par la gueulle, & s'envole apres avoir vomy une Grenoüille, dont Microton tout épouvanté oblige Orcan d'envoyer les Lutins; & apres qu'ils sont partis, se sentant plus amoureux que jamais, il conjure le Magicien de ne le point abandonner, résolu de l'exposer à tout.

CHANSON.

LE plaisir passe la peine,
On se moque du danger;
Pour flechir une Inhumaine,
Pour la vaincre, ou l'engager,
Le plaisir passe la peine,
On se moque du danger.

Orcan luy promet de nouveau de le servir, à condition qu'il aura plus de courage, parce que s'il oblige les Démons à revenir, il n'en sera plus le Maistre. Cependant pour achever de le tourmenter, le Magicien fait sortir huit Démons d'une Caverne effroyable qui represente l'Enfer. Leur Entrée se fait par des Pas & des Sauts extraordinaires qui effrayent si fort Microton, qu'il s'en va tout éperdu, & tombe évanoüy de frayeur. En suite il commande aux Démons de se retirer; ils s'enfoncent sous le Theatre: Un autre Démon descend, & s'estant envolé, aussi tost par un vol précipité, il est suivy de sept autres qui traversent le Theatre de tous costez, & s'en vont sur le Ceintre d'une maniere si surprenante, qu'on n'a peut-estre jamais veu encore rien de plus beau ny de mieux entendu. Orcan content d'avoir guery cet Extravagant, & obey à Elise qui s'interessoit pour Silvandre & Philis, sort pour aller avertir Elise de ce qu'il a fait pour luy plaire.

ACTE V.

LA Décoration represente un Bois de haute fustaye, au bout duquel paroist un Village fort agreable. C'est dans ce Bois que Philis vient resver à la tendresse que la passion de Silvandre luy a inspirée; & dans l'instant qu'elle en sort pour aller faire un Sacrifice à l'Amour, afin de se le rendre propice, Microton paroist, qui déclare à Dorine qu'il ne songe plus à Philis, dont il cede le cœur à Silvandre, pour donner tous ses soins à son Troupeau Dorine ne luy cache point que c'est par elle qu'il est devenu sage, puis qu'elle a fait agir Elise auprès d'Orcan, pour luy faire employer un Charme dont l'effet fut contraire à ce qu'il luy avoit demandé. Elle se retire apres cet aveu, & fait place au Magicien, qui demande en raillant à Microton, s'il n'est pas satisfait de luy & de ses Charmes, & s'il ne veut pas du moins contenter les Démons. Le Berger, pour compliment, le donne au Diable, & souhaite aux Démons plus de peines qu'ils n'en souffrent, ajoûtant qu'il ne se souvient plus de Philis, ny d'Elise, ny de Dorine, & qu'il est sans amour pour toute sa vie. Un Berger entre, & chante les Paroles suivantes en faveur de la Magie.

CHANSON D'VN BERGER.

LA science de la Magie
Qui passa toûjours pour folie,
Par un contraire effet a rendu le bon sens
Au plus fou de tous les Amans:
Il faut, loin de blâmer, encenser la Magie,
Elle a guéry de la Folie.

Microton témoigne au Berger, que c'est par un effet de la Magie qu'il a perdu l'amour qui luy avoit fait pousser tant de soûpirs; & par reconnoissance de sa Chanson, il l'emméne pour le régaler, & prie Orcan de luy tenir compagnie. Orcan s'en excuse, & raconte aux Bergers & aux Bergeres le miracle qu'il a fait en faveur de Microton. Ils l'en veulent remercier; mais Dorine les interrompt, pour leur dire qu'il ne faut plus songer qu'à la Nopce, & à s'y bien réjoüir.

Le Magicien tâche encore d'obliger Elise à prendre des sentimens favorables pour luy. Elle s'en défend sur ce que le temps n'est pas encore venu, & feint d'avoir du chagrin du changement de Microton, qui leur vient déclarer qu'il ne s'oppose plus à la felicité de Silvandre & de Philis, & qu'il leur pardonne le divertissement qu'ils se sont donnez en le faisant tourmenter par les Démons. Elise & Dorine luy veulent faire croire qu'il ne renonce à Philis que pour s'attacher à elles; mais il ne se montre plus capable de passion, que pour la bonne chere. On le prie de la Nopce : Il demande à Orcan si les Mets seront délicats, & si l'on n'y servira point quelque Plat de Magie. Il luy dit qu'il n'a rien à craindre, & en mesme temps une Ferme paroist avec une Table peinte couverte de toutes sortes de Viandes & de Fruits ; apres quoy un Traitteur s'avance, qui chante ces Paroles.

CHANSON.

IL n'est rien de plus délectable
Que l'Amour & la bonne Table ;
Mais l'un sans l'autre, les Amans
Passent d'assez fâcheux momens.

La Chanson estant finie, on voit s'élever de dessous le Theatre une Table garnie d'un Ambigu merveilleux. Microton s'approche pour manger de ce qui flate le plus son goust, & aussitost les Viandes & les Fruits se changent en Serpens, Viperes & Crapaux. Microton surpris, se plaint au Magicien de ce qu'il ne luy tient pas parole, & prétend que les Serpens sont de dure digestion. L'Ambigu paroist encore ; & comme Microton veut de nouveau s'approcher, la Table s'enfonce. Microton se voyant dupé, tâche à se jetter sur le Buffet pour boire, ne pouvant manger ; & là l'on chante la Chanson suivante.

CHANSON A BOIRE.

Rien n'eſt plus aiſé que de boire,
Beuvons ſouvẽt, beuvõs tout plein, beuvons longtẽps,
Manger fatigue la machoire;
On peut boire à longs traits ſans avoir mal aux dents;
Rien n'eſt plus aiſé que de boire,
Beuvons ſouvẽt, beuvons tout plein, beuvõs longtẽps.

La Chanſon finie, la Ferme diſparoiſt, & en ſa place il voit pluſieurs Démons, qui luy cauſent une ſi grande frayeur, que ſe croyant perdu, il s'écrie, & fuit promptement d'un Lieu où il voit tout à craindre pour luy. Les Démons diſparoiſſent, & font place à une nouvelle Décoration que forment pluſieurs Berceaux de verdure, embellis des plus agreables Fleurs du Printemps. On en voit ſortir quatre Bergers & Bergeres, qui font une Entrée qui eſt ſuivie de cette Chanſon.

GAVOTTE.

SI l'on n'a de la conſtance,
C'eſt peu d'aimer tendrement,
Iamais la perſevérance
Ne trompe un fidele Amant;
Point d'eſpoir de récompence,
Si l'on n'aime conſtamment.

Ils danſent enſemble.

Hilas, du Berger Silvandre
N'a jamais eu le bonheur;
Avec les charmes du tendre
Il euſt un volage cœur:
Si l'Amour ne pût le prendre,
Il n'en euſt pas la douceur.

Orcan ſouhaite à Silvandre & à Philis tout le bonheur qui accompagne un Mariage fait par l'Amour, & demande à Eliſe quand finiront ſes peines. Elle le remet encore pour quelque temps. Dorine les invite à paſſer le reſte du jour en Divertiſſemens, & ſe réjoüit de ſe ſentir confirmée de n'avoir jamais d'amour.

Silvandre & Philis vont ſonger aux appreſts de leur Nopce: cependant on découvre une grande Montagne au ſecond Theatre, des Bergers & Bergeres qui gardent leur Troupeau, & en deſcendent au ſon des Fluſtes & Hautbois; apres quoy l'on chante ce Menüet.

MENUET.

DAns nos Bois, nos Vergers, nos Plaines,
Faiſons retentir les Echos;
Nos Amans chériſſent leurs chaînes,
Et ne penſent plus à leurs maux:
Nous devons rire de nos peines,
Quand l'Amour nous met en repos.

Ils danſent enſemble.

D'un Berger toûjours infidelle
L'Amour n'écoute point les vœux;
A moins d'une flâme éternelle,
En vain on devient Amoureux:
Vn Cœur qui va de Belle en Belle,
Ne peut jamais ſe rendre heureux.

Le Menüet eſtant finy, les Bergers & Bergeres danſent enhaut & enbas au ſon des Hautbois, des Violons, & des Fluſtes.

FIN.

www.ingramcontent.com/pod-product-compliance
Ingram Content Group UK Ltd.
Pitfield, Milton Keynes, MK11 3LW, UK
UKHW020444220726
13923UKWH00005B/2318

9 782019 478629